I0070613

DIX ANS

DE

MISSIONS

à Paris

et dans les environs

PARIS

J. MERSCH, IMPRIMEUR

4bis, AVENUE DE CHATILLON, 4bis

—

1897

L7k
0482.

DIX ANS

DÉPOT LÉGAL
M. Seine 342
1897

DE

MISSIONS

à Paris

et dans les environs

PARIS

J. MERSCH, IMPRIMEUR

4bis, AVENUE DE CHATILLON, 4bis

—

1897

Lk7
30482

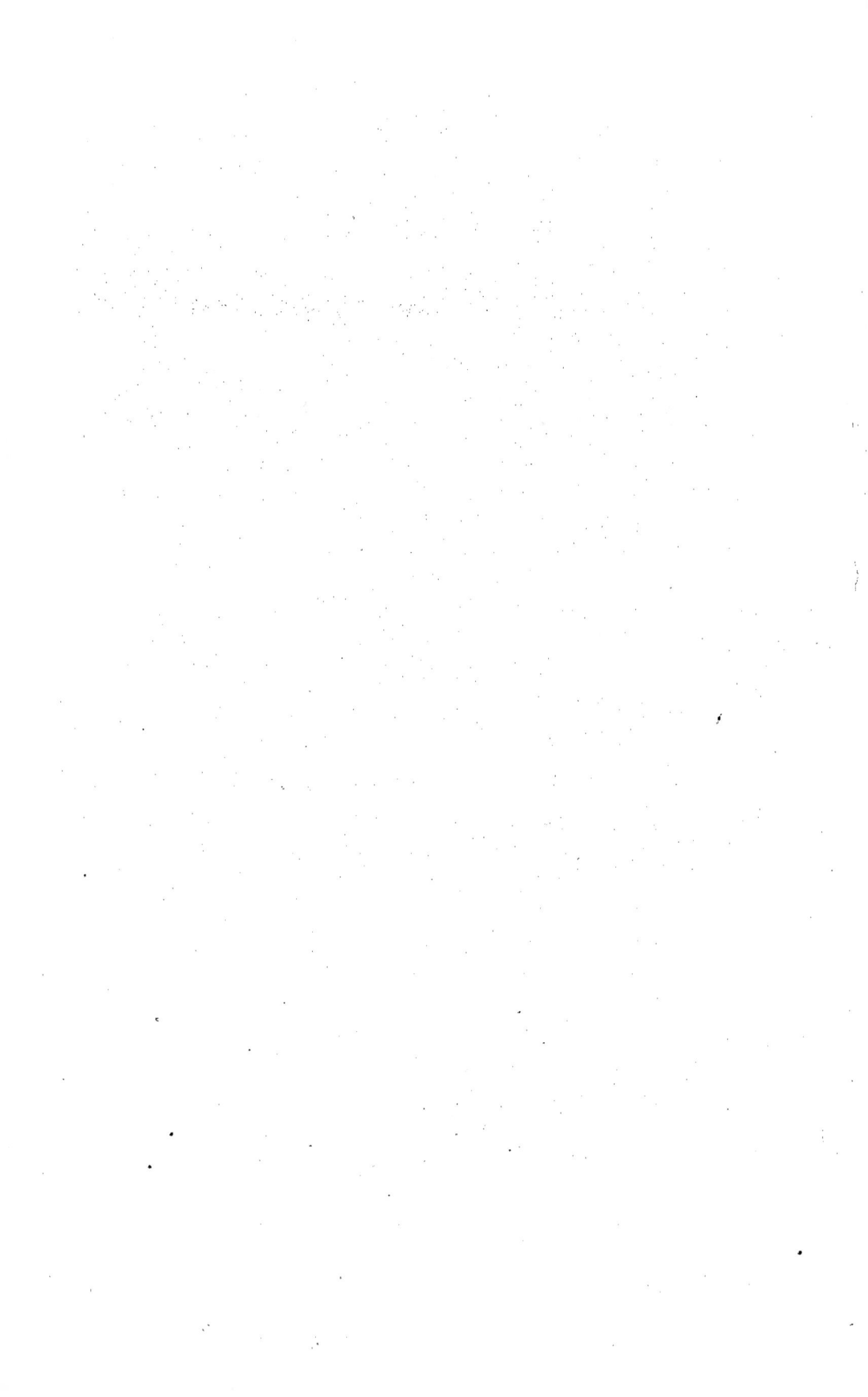

DIX ANS DE MISSIONS

A PARIS

ET DANS LES ENVIRONS

Dans un discours prononcé le premier dimanche du Carême, à la Madeleine, en 1893, M. l'abbé Frémont s'exprimait ainsi :

« Je vous dénonce un péril immense, un mal qui va, tous les jours, croissant : celui de l'augmentation des enfants qui ne fréquentent plus les catéchismes, qui ne font plus leur première communion, qui ne connaissent plus ni le prêtre ni l'église, et qui, par conséquent, ayant perdu la solution du problème des fins de l'homme, n'ont plus de direction pour leur esprit, d'espérance pour leur cœur, de point d'appui pour leur volonté. La paroisse Saint-Antoine comptait, il y a quinze ans, près de deux cents garçons, chaque année, qui célébraient leur première communion. Voici déjà cinq ans qu'elle n'en compte plus que soixante-dix à peine, et sa population a néanmoins augmenté. Dans toutes les paroisses circonvoisines : Sainte-Marguerite, Saint-Éloi, l'Immaculée-Conception, Saint-Ambroise, etc., même disproportion navrante. Étonnez-vous ensuite que les doctrines les plus utopistes et parfois les plus criminelles trouvent, dans des populations ainsi déchristianisées, une faveur menaçante et de redoutables échos. On frémit à la pensée de ce qui pourrait advenir si, tout à coup, les foules égarées se précipitaient, farouches, des faubourgs sur le centre. »

Ce mal effrayant dénoncé publiquement par M. Frémont, devant une assemblée de personnes du monde, avait fait naître plusieurs années auparavant dans le cœur de jeunes prêtres un ardent désir d'y porter remède. Baptiser, faire le catéchisme, marier, assister aux convois, visiter les pauvres et les malades, étaient sans doute des occupations dignes de toute leur sollicitude. Mais elles ne fournissaient pas un aliment suffisant à leur zèle.

Ils n'atteignaient pas ces foules qu'ils coudoient sans cesse; ils ne parvenaient pas à leur enseigner les vérités chrétiennes.

C'est alors qu'un vicaire de Grenelle, devenu depuis missionnaire diocésain, eut l'idée de donner avec ses amis, pendant le Carême de 1886, une mission dans une chapelle de secours maintenant démolie, et qui desservait à cette époque le pauvre quartier de Javel. — La mission réussit au delà de toute espérance.

Encouragés par ce premier succès, ils prêchèrent pendant les trois années qui suivirent, de 1887 à 1890, quatorze missions proprement dites et quatre retours de missions. En tout dix-huit grands exercices de prédication, sans préjudice des travaux quotidiens du ministère paroissial.

Parmi ces missions, sept avaient eu lieu dans des paroisses de la banlieue : à Billancourt, à Clamart, à Levallois, à Malakoff, à Romainville, au Perreux, à Créteil, — les autres dans les faubourgs de la capitale : à Javel, à Plaisance, à Saint-Denis la Chapelle, à Grenelle (45.000 âmes), au Point-du-Jour, à Ménilmontant (55.000 âmes), à Saint-Marcel de la Maison-Blanche, à Saint-Joseph (60.000 âmes).

Jusque-là les prêtres missionnaires avaient tous des fonctions dans le diocèse, et ils ne pouvaient consacrer aux missions qu'un temps restreint, retenus qu'ils étaient par les occupations paroissiales.

Il était nécessaire que plusieurs d'entre eux devinssent indépendants de tout autre ministère, afin de se consacrer entièrement à l'œuvre des missions, comme cela avait lieu déjà dans certains diocèses.

La mission donnée à Saint-Éloi, en mai 1890, décida la réalisation d'un vœu formulé dans ce sens à l'Assemblée générale des catholiques, l'année précédente. — S. Ém. le cardinal archevêque de Paris qui avait voulu présider lui-même plusieurs de ces exercices depuis 1887, s'était rendu compte du bien procuré dans son diocèse par ces prédications populaires. L'enthousiasme indescriptible des habitants de Saint-Éloi (près de la gare de Lyon), qui s'entassaient dans leur église devenue deux fois trop petite, fit battre plus violemment son cœur de père. Il sentit plus vivement que jamais le besoin qu'avait la population si dense de son diocèse d'entendre les vérités de l'Évangile.

Peu de jours après la fin de cette belle mission, il disait à M. l'abbé de Gibergues, son secrétaire particulier : « Décidément, mon cher ami, il faut que nous fondions l'œuvre des Missions diocésaines. »

Cette parole ne devait pas rester sans effet. Le premier vendredi du mois d'octobre, trois prêtres (1) se réunirent pour la première fois, avec la haute approbation de Son Éminence, dans une petite maison qu'ils avaient louée pour trois années, au numéro 13 de l'avenue de Ségur, et ils y célébrèrent le saint sacrifice de la messe. L'œuvre des Missions diocésaines était fondée. M. l'abbé de Gibergues en fut le premier Supérieur.

Trois missionnaires, c'était peu. La Providence et la charité des fidèles devaient leur permettre de s'adjoindre peu à peu de nouveaux collaborateurs. En attendant, les prêtres des paroisses, qui pendant quatre années s'étaient dévoués aux prédications populaires, continuèrent d'être les meilleurs auxiliaires de leurs anciens frères d'armes (2); d'autres suivirent leur exemple (3).

**

Mais quand Dieu bénit une œuvre, il permet toujours qu'elle soit éprouvée par la contradiction.

En 1891, à Montrouge, des fauteurs de désordre se répandirent dans l'église pour empêcher la première réunion. Un journal violent, paru le matin, avait publié cette phrase : « Coûte que coûte, il faut empêcher le Jésus de parler. »

A Saint-Joseph, une bande de jeunes gens, qui avaient déjà provoqué les troubles de Saint-Merry, s'armèrent de chaises, essayèrent de prendre d'assaut la chaire au milieu du tumulte grandissant, entonnèrent la « Carmagnole » et le « Ça ira » et proférèrent des menaces de mort.

A Saint-Denis, la mission n'avait plus qu'une semaine de durée. Les ouvriers affluaient de plus en plus. On entendait dire dans les ateliers : « La religion, décidément, n'est pas ce que nous pensions. » Un soir — ici nous ne faisons que rapporter le récit que M. l'abbé Lenfant, témoin de ces tragiques événements, en a fait dans un compte rendu sur l'œuvre des Missions diocésaines, en 1893 — un soir, sans aucune provocation, les socialistes révolutionnaires, dont plusieurs étaient revêtus d'une dignité officielle, interrompent violemment le prédicateur qui parlait de la confession, jettent la panique dans la foule qui remplissait l'église, frap-

1. MM. de Gibergues, Gérard, Lenfant.
2. MM. Championnière, Harmois, Stiltz, Laurent, Le Camus, Chappuy, Frisch, Villaume, Lacroix, Vialard, Lampe, Aubert, Chantrel, Pidot, Rivière, Hennebique, etc., etc.
3. MM. Poulin, Gibert-Lafont, de Launay, Juge, d'Angély, Vignot, Vialette, Pangaud, de Sauvejunte, Duplessy, etc., etc.

pent à droite, à gauche, sur des femmes, sur les ouvriers leurs frères, et laissent l'église couverte en plusieurs endroits de larges taches de sang.

Devant l'indignation publique, ils ont dit qu'on les avait insultés, que nous parlions de politique, de socialisme et d'autres sujets brûlants. Mais la population de Saint-Denis, qui nous entendait depuis près d'un mois, et qui savait quelle charité pleine d'égards nous avions témoignée pour tous sans distinction, ne s'est pas laissé tromper par ces affirmations mensongères; elle l'a prouvé, le lendemain, à 8 heures du soir, d'une manière éclatante.

Alors qu'on ne savait pas encore quelle serait l'attitude du gouvernement ni s'il prendrait des mesures pour protéger le libre exercice du culte; alors que les assaillants de la veille, bravement repoussés, faisaient circuler des bruits sinistres, annonçant une nouvelle invasion du lieu saint plus sanglante que celle de la veille; dans ces circonstances qui pouvaient devenir facilement périlleuses, les honnêtes gens de Saint-Denis ne se laissent pas intimider : hommes, femmes, jeunes filles, enfants, arrivent par flots à l'heure de la réunion... Bientôt ils ont rempli toute l'église, les femmes priant, les hommes, et ils occupaient toute la grande nef, disant : « Qu'ils y viennent! nous saurons bien défendre notre curé! »

Ce fut une séance inoubliable. M. le curé, le vénérable M. Iteney, répétait : « C'est une des plus grandes joies de ma vie... J'aimais déjà beaucoup Saint-Denis; jamais je ne l'ai aimé comme maintenant! » Pendant toute la journée, on avait dû garder le Saint Sacrement dans la sacristie, en attendant la réconciliation de l'église; le clergé alla le chercher processionnellement et le ramena à travers toute la foule, au-dessus de toutes les têtes inclinées, au milieu des chants : « Pitié, mon Dieu! » qui partaient de deux mille poitrines avec un accent de foi et d'amour impossible à rendre; c'était irrésistible. Aussitôt après la réunion, M. le curé monta en chaire; jamais parole plus vibrante n'avait dit gloire à Dieu et merci à de courageux chrétiens : « Mes frères, leur dit-il en terminant, il vous faut une récompense; demain le Cardinal viendra! » Et le lendemain, le cardinal archevêque de Paris, malgré des menaces de la dernière violence prononcées contre lui, avec un dévouement à son peuple qui rappelait d'autres exemples héroïques donnés par les archevêques ses prédécesseurs, venait apporter aux chers paroissiens de Saint-Denis la preuve de confiance et d'affection qu'ils avaient si bravement conquise.

L'œuvre des Missions avait reçu le baptême du feu et même celui du sang.

En l'espace de deux ans, de 1891 à 1893, vingt et une missions avaient été données. Dieu bénissait visiblement les efforts de la communauté naissante.

Toutefois les missionnaires se trouvaient trop à l'étroit dans leur appartement de l'avenue de Ségur, pour pouvoir accueillir d'autres prêtres désireux de combattre avec eux le bon combat.

C'est alors que, sous l'inspiration du vénéré Cardinal de Paris et d'après les conseils d'hommes éclairés et attachés à l'œuvre, une société d'actionnaires fut formée.

Elle acheta un terrain et construisit un immeuble, 19, rue Nitot, dans des conditions telles que le nombre des missionnaires pût s'accroître en proportion des besoins du diocèse. En 1891, ils étaient quatre; en 1895, sept. Actuellement ils sont onze, parmi lesquels un prêtre du diocèse de Versailles. Le chiffre total des missions données tant à Paris que dans la banlieue, et les diocèses voisins s'élève à 101, dont 17 pendant la période de formation, et 84 depuis la constitution définitive de l'œuvre, il y a un peu plus de six ans.

On nous pardonnera d'avoir tant insisté sur l'origine, la fondation et le développement de l'œuvre des Missions diocésaines. Nous avons pensé qu'on l'aimerait d'autant plus qu'on connaîtrait mieux son enfance et sa jeunesse.

*
* *

Quant au but que nous poursuivons, on l'a déjà deviné.

Bien pénétrés de la signification du mot « missionnaire » qui veut dire « envoyé », nous voulons prêcher l'Évangile de Jésus-Christ au nom duquel nous nous présentons devant les foules. Nous voulons enseigner le catéchisme sous forme de sermons et de conférences. Nous laissons à d'autres plus hardis ou plus compétents le soin de traiter les questions politiques, économiques et sociales, qui à l'heure présente passionnent les esprits. Pour nous, nous estimons que les foules cesseraient bientôt de prendre le chemin de la maison de Dieu si, croyant les gagner plus facilement au Christ, nous discutions devant elles les solutions à donner aux questions du jour, au lieu de leur enseigner les vérités éternelles qui répondent aux besoins de l'âme les plus profonds.

Nous voulons ensuite venir en aide à ces vaillants religieux numériquement insuffisants pour évangéliser des paroisses où il faudrait pouvoir prêcher des missions tous les quatre ou cinq ans, au minimum.

Nous voulons encore faire disparaître un des plus grands obstacles à l'évangélisation des paroisses qui en ont le plus besoin, e donnant des missions absolument gratuites. Oui, un grand nombrn de paroisses ouvrières, écrasées déjà par la charge de leurs écoles, de leurs patronages, de leurs œuvres de charité, ne peuvent pas subvenir aux frais de propagande, de distribution d'objets pieux et autres, qui sont considérables.

Les missionnaires diocésains, comptant sur la Providence, disent aux curés de ces immenses paroisses : « Vous voudriez une mission, mais les ressources vous manquent. Eh bien! nous voici. Nous prenons tout à notre charge. »

Enfin, dans les paroisses du centre, les missionnaires cherchent à atteindre cette partie de la population qui se compose des serviteurs, des petits commerçants, des employés de toute sorte, auxquels les affaires et les occupations quotidiennes servent souvent de prétexte pour oublier le chemin de l'église.

* *
*

Sans nous attarder plus longtemps sur le but spécial de l'Œuvre, nous arrivons aux moyens qu'il faut employer pour en assurer le succès : 1º La *prière*, qui tient la première place; avant de commencer une mission, nous demandons instamment par lettres, des prières sous forme de neuvaine à toutes les communautés religieuses de Paris et à quelques âmes pieuses dans le monde.

2º *Une propagande très active :* nous répandons des milliers de lettres, d'affiches, de petites feuilles pour annoncer la mission et attirer à l'église les indifférents et les incrédules qui n'y viennent jamais.

3º *Des fêtes,* présidées par des personnages; des distributions de crucifix, de médailles, de chapelets, d'images; la musique religieuse des Frères Saint-Jean-de-Dieu. Rien n'impressionne la foule comme de voir arriver ces enfants, les uns aveugles, les autres infirmes, conduits ou portés par les chers Frères; ils constituent un orchestre merveilleux; nous n'avons pas encore parlé et déjà le meilleur sermon est fait.

4º *Les conférences dialoguées :* il n'y a jamais tant de monde que le jour où une conférence est annoncée.

Tous ces attraits sont irrésistibles; ils n'ont qu'un défaut, et il faut bien l'avouer, c'est qu'ils coûtent cher.

Aussi nous ne serions pas surpris que plusieurs parmi nos lecteurs fussent tentés de formuler tout bas des reproches qui, en plusieurs circonstances, nous ont été exprimés de vive voix.

Ces reproches sont-ils mérités? Nous ne le croyons pas. D'ailleurs M. l'abbé de Gibergues les a victorieusement réfutés dans son rapport à l'Assemblée générale des catholiques le 28 août 1891.

« Nous trouvons, disait-il, que ce n'est pas cher quand il s'agit de sauver des milliers d'âmes, de distribuer à des foules qui se les arrachent, des centaines de crucifix, de chapelets, de médailles, de bons livres... et d'attirer à l'église par une active propagande ceux qui n'y viennent jamais.

« Mais cette propagande au moins n'est-elle pas excessive? ne pourrait-on pas la supprimer? — Non! à Paris on ne le pourrait pas. Dans un petit village de campagne, un missionnaire paraît, c'est un événement, tout le monde en parle et on accourt. A Paris, on l'ignore; il faut le faire savoir, et après des milliers de lettres, d'affiches, de petites feuilles répandues, il nous arrive encore de rencontrer des personnes de la paroisse qui nous disent : « Il y a « une mission? je n'en savais rien! Si je l'avais su, j'y serais allé! » — Vous voyez bien que la propagande est nécessaire!

« La propagande n'avertit pas seulement, elle touche et prépare les âmes à revenir à Dieu. « Notre curé pense à nous », disent ces braves gens, très flattés de recevoir une lettre personnelle, et les voilà mieux disposés pour le prêtre.

« Quelquefois ils se convertissent du coup! Cela est arrivé à Joinville : un vieux soldat, infirme et ne pouvant sortir, a été tellement touché de recevoir une lettre autographe de son curé qu'il a demandé sur l'heure à se confesser. « Regardez, disait-il à son « curé, les larmes aux yeux, en lui montrant sa lettre, je l'ai mise « près de ma médaille de Crimée, ce sont les deux plus beaux sou- « venirs de ma vie. » Et maintenant, qui nous reprochera notre propagande? »

Des applaudissements répétés furent les seules réclamations qui se firent entendre. L'orateur avait gagné sa cause sur ce point. Il lui restait à triompher des accusations lancées par plus de deux cents journaux de Paris, de province, voire même de l'étranger, contre les conférences dialoguées. Nous résumons sa défense.

« A vrai dire, les articles étaient tous copiés, parfois littéralement copiés les uns sur les autres.

« C'était un spectacle curieux de voir les mauvais journaux (eux seuls menaient la campagne) se faire les défenseurs de la cause catholique. D'après eux, c'était une innovation inconvenante, un genre dangereux, de nature à égarer les esprits plutôt qu'à les ramener... Le respect dû à la maison de Dieu était foulé aux pieds. Les uns disaient : « Allez vite voir ce spectacle avant qu'il soit interdit « par l'autorité diocésaine. » Les autres engageaient leurs lecteurs à ne plus se déranger : les conférences avec objections étaient déjà interdites... Leurs reporters n'avaient sans doute pas puisé leurs renseignements à des sources bien sûres. D'autres journaux mieux informés se chargèrent de rétablir la vérité. Nous en citerons un seul :

« Les conférences dialoguées, ainsi s'exprimait le *Journal des Débats* du 26 mars 1891, se passent avec la plus grande convenance. Le contradicteur *ne prend pas les objections à son compte et n'apostrophe pas directement le conférencier.* Il se contente de *formuler les arguments qu'on oppose le plus souvent aux thèses chrétiennes,* et de *solliciter une réfutation.* Cela donne du mouvement à la conférence, et il faut avoir une *âme bien janséniste,* ou une *dévotion bien ombrageuse,* pour se révolter de cet innocent artifice. »

« Voilà une méthode que nous employons depuis cinq ans, disait M. de Gibergues en terminant son plaidoyer; elle a été accueillie partout avec la plus vive sympathie par les populations, elle a reçu les meilleurs encouragements de MM. les curés, si soucieux cependant de la bienséance et du respect dus au lieu saint; voilà une méthode qui a converti des centaines d'âmes, qui a réveillé les endormis, qui a ouvert les yeux aux aveugles, qui a ressuscité les morts.... on ne nous fera jamais accroire que ce soit là une mauvaise méthode!... »

Depuis 1891, la méthode des conférences avec objections (avec questions, si vous le préférez, car le terme est plus exact) a toujours remporté le même succès dans les paroisses du centre comme dans celles des faubourgs et de la banlieue, en un mot à la ville comme à la campagne.

Aussi ne sommes-nous pas du tout disposés à l'abandonner, et pour mieux en faire saisir l'efficacité, nous avons hâte de faire toucher du doigt les résultats de nos missions.

**

Un premier résultat et qui n'est pas à dédaigner, c'est le grand mouvement qui se produit dans la paroisse où se donne une mission, grâce à la propagande active qui commence huit jours avant la première conférence et qui se continue pendant les deux, trois ou quatre semaines de la station, suivant l'importance des paroisses et l'époque de l'année.

Les conversations roulent sur la mission ; les uns sont favorables ; les autres parlent contre. Quelques-uns voudraient l'empêcher... On discute dans les ateliers, au cabaret, dans la rue, pour savoir si on ira écouter les missionnaires.

Arrive le jour de la première conférence. Le clergé de la paroisse est toujours étonné de la quantité d'hommes présents; il est facile de les compter, car des places leur sont réservées dans une partie de la nef.

Dès la seconde conférence, il faut prier les dames d'abandonner les chaises encore occupées par elles dans la nef; elles doivent arriver une demi-heure ou trois quarts d'heure avant l'ouverture de la séance, pour avoir des places à peu près bonnes en dehors de la nef, dans les bas-côtés.

Il est impossible de traduire la communication extraordinaire qui s'établit très vite entre les missionnaires et leurs auditeurs.

Est-ce à dire que tous se confessent? Certes non. Beaucoup sont retenus par le respect humain ou par la crainte de perdre leur place dans telle industrie où ils gagnent le pain quotidien de la famille. D'autres n'ont pas assez de volonté pour mettre tout de suite à exétion une résolution qu'ils tiennent parfois plusieurs mois après, à l'occasion de la première communion d'un de leurs enfants, ou seulement à la mission suivante.

Toutefois, voici des chiffres éloquents : En 1890, avant la constitution définitive de l'Œuvre, trois missions ont été données dans des quartiers ouvriers, à Saint-Joseph, à Saint-Éloi et à Saint-Ambroise — le chiffre des retours à Dieu s'est élevé à plus de 1200.

Les deux années suivantes, 1891 et 1892, ont à leur actif 22 missions. Les unes ont été faites dans les faubourgs, à Saint-Pierre de Montrouge, à Saint-Jean-Baptiste de Belleville, à Saint-Joseph, à Saint-Bernard de la Chapelle, à l'Immaculée-Conception. — Dans l'ensemble environ 1900 retours.

Les autres, dans des villes suburbaines, à Saint-Mandé, à Nogent-sur-Marne et à Gentilly (citadelle de l'hostilité religieuse), ont compté plus de 500 conversions.

D'autres encore s'adressaient à la classe laborieuse des paroisses du centre. A Saint-Augustin, Saint-Paul-Saint-Louis et Saint-François-Xavier, plus de 900 personnes se sont décidées à revenir à leurs pratiques chrétiennes.

Enfin, et le fait est digne de remarque, les missions données dans des pays de culture maraîchère réputés pour leur invincible indifférence, ont été relativement très fructueuses.

En résumé, 22 missions, prêchées dans l'espace de deux années, dans des milieux absolument différents comme population et comme esprit, ont produit plus de 3500 conversions.

Cette statistique peut paraître aride. Sans donner le détail des résultats pour les années 1893 et 1894, nous nous contenterons de dire que le nombre des missions s'est élevé à 27 au lieu de 22 dans le même laps de temps, en 1891 et en 1892. Les conversions ont dépassé le chiffre de 5950 — mettons 6000.

Qu'il nous soit permis d'insister davantage sur la période qui s'est écoulée depuis le 1ᵉʳ janvier 1895 jusqu'à ce jour. Elle est précieuse en enseignements pour les personnes qui portent un intérêt véritable à l'œuvre et se préoccupent à juste titre du bien réel et durable qu'elle procure.

Sur 35 missions, 14 ont été données dans l'intérieur de Paris, tant dans les paroisses du centre que dans celles des quartiers excentriques et 21 en dehors de la capitale.

A Saint-Jean-Baptiste de Belleville 2000 à 2500 personnes, à Notre-Dame de Clignancourt 2500 à 3000, à Notre-Dame de la Gare 2000 à 2500, ont rempli pendant toute la durée de la mission les églises devenues trop petites à certains soirs.

L'église en bois de Saint-Éloi et la chapelle de la rue Championnet étaient de dimensions tout à fait insuffisantes.

Les hommes sont venus en grand nombre et se sont fait remarquer par une attitude de plus en plus respectueuse et recueillie.

C'est un spectacle réconfortant que de voir 800, 900, 1000, parfois 1200 hommes et jeunes gens, — ouvriers, contremaitres, employés de toutes sortes, — groupés autour de la chaire, écoutant les grandes vérités de la religion pendant trois quarts d'heure, une heure, parfois davantage, sans faire un mouvement, sans exprimer la moindre lassitude, sans cesser un instant d'avoir les yeux fixés sur le missionnaire.

Et cependant, nous l'avons constaté, non pas une fois, mais vingt fois, quarante fois et plus encore, beaucoup parmi ces braves gens ont commencé leur journée de travail à 6 heures du matin et ils n'ont pas diné. Ils sont venus directement de l'atelier à l'église; ils mangeront en rentrant chez eux à 10 heures du soir. Et ils sont tout étonnés lorsqu'on leur fait remarquer, en leur donnant une poignée de main à la sortie, qu'une telle manière d'agir est bien méritoire aux yeux de Dieu.

Ils trouvent cela tout naturel et regrettent une seule chose, c'est que la mission ne dure pas plus longtemps.

A Saint-Pierre de Chaillot, à Saint-Thomas d'Aquin, à Saint-Pierre du Gros-Caillou et à la Madeleine, où nous nous adressions surtout aux classes populaires, même empressement : l'exiguïté des églises s'est fait vivement sentir.

A Saint-Pierre du Gros-Caillou, on a dû multiplier les réunions pour essayer de donner satisfaction à tout le monde. Les dames ont dû céder l'église tout entière aux hommes pendant une semaine.

A la Madeleine, pendant dix jours, plus de 4000 personnes se sont pressées dans cet immense vaisseau où le prédicateur ne parvient pas à se faire entendre par tout son auditoire. Les places réservées aux hommes ne suffisaient pas, et cependant les dames se plaignaient amèrement qu'on les négligeât trop.

Que dire des quatre missions données pendant le temps du jubilé national, à Saint-Nicolas des Champs, Saint-Laurent, Saint-Germain l'Auxerrois, Saint-Germain des Prés? La proximité des paroisses, la fatigue occasionnée par quatre semaines consécutives de prédication n'ont pas empêché hommes et femmes de toute condition sociale de se presser en nombre chaque jour très considérable autour de la chaire de Vérité pour écouter avec un admirable recueillement les enseignements du Christ.

Nous nous empressons d'ajouter que le nombre des conversions est là pour attester que ce mouvement de retour des habitants de la capitale à l'église n'est pas superficiel. Ces quatorze missions ont donné dans leur ensemble plus de 4850 réconciliations avec Dieu. Ces chiffres pourraient se passer de commentaires : toutefois il importe de remarquer la progression croissante des retours d'hommes, dans tous les rangs de la société : c'est un signe certain que le respect humain tend à faire moins de victimes.

Sur les 21 autres missions, 15 ont été données dans des paroisses de la banlieue, comptant les unes, comme Courbevoie, Issy, Vincennes et Gentilly, de 15.000 à 25.000 habitants, d'autres, comme Pierrefitte, Bagneux, Châtillon, Fontenay-aux-Roses, Rosny-sous-Bois, de 1600 à 3000 habitants, d'autres enfin, comme Villetaneuse, Dugny, le Plessis-Piquet, de 400 à 700 habitants. Là aussi les résultats ont été inespérés, puisque le total des conversions dépasse 1850.

Quelques-unes de ces paroisses n'avaient pas reçu la visite de missionnaires depuis de nombreuses années. Leurs pasteurs redoutaient un échec complet. Dieu, par son action toute-puissante, a changé leurs appréhensions en actions de grâces.

Dans la paroisse du Plessis-Piquet, en particulier, la plus petite du diocèse — 397 habitants dont un tiers demeure à Robinson et un second tiers au Petit-Bicêtre, bourgades situées à vingt-cinq minutes de l'église, — il nous a été impossible de rencontrer une seule personne ayant conservé le souvenir qu'une mission eût jamais été prêchée dans la localité.

Dès le premier soir, 170 personnes étaient présentes. Le curé pleurait de joie. Du 17 janvier au 2 février, il a vu son église habituellement déserte contenir de 230 à 260 paroissiens et paroissiennes sur 400, y compris les enfants. Plus de la moitié, malgré l'obscurité, le froid ou la pluie, faisaient deux kilomètres pour venir et autant pour regagner leur demeure. Les conversions ont dépassé comme nombre tout ce que l'on pouvait attendre.

Enfin, 6 missions, prêchées dans les diocèses voisins, ont prouvé

que les populations réputées pour leur hostilité ou leur indifférence
en matière de religion étaient susceptibles de secouer leur torpeur
habituelle pour remplir les églises ordinairement vides.

Que dire maintenant des restitutions opérées; des baptêmes d'enfants âgés de deux, trois, huit, dix ans; des premières communions
d'adultes; des unions légitimées? Ici un protestant fait son abjura-
tion, à la joie d'une famille qui demandait depuis longtemps cette
faveur à Dieu. Là, un franc-maçon se jette tout en larmes au confes-
sionnal, après le sermon des adieux, en disant : « Je n'y tiens plus,
je suis vaincu par la grâce. »

Mais, dira-t-on, les résultats sont-ils en rapport avec les efforts?

Pour répondre d'une manière satisfaisante à cette délicate ques-
tion, il faudrait pouvoir apprécier non pas seulement tout le bien
fait sur le moment ou peu de temps après, mais celui dont une mission est le principe pour une paroisse, dans un avenir plus ou moins
éloigné. Ceci est le secret de Dieu.

Toutefois il est un fait incontestable, c'est que tous gardent pro-
fondément gravé dans leur esprit et dans leur cœur le souvenir de
la mission. Ils se laissent plus facilement aborder par les prêtres des
paroisses lorsqu'ils sont malades : la mission a décidé de leur salut.
De plus, parmi ceux qui ont résisté à la grâce d'une première
mission, beaucoup cèdent à l'influence d'une seconde.

Enfin, et nous nous permettons d'appeler spécialement l'attention
sur ce résultat, les fruits d'une mission se reconnaissent parfaite-
ment quatre ou cinq ans plus tard. Belleville, Saint-Éloi, Gentilly,
Rosny-sous-Bois, ont en quelque sorte servi de champ d'expé-
rience. Presque tout le terrain gagné par la première mission avait
été conservé dans chacune de ces paroisses, *grâce aux messes d'hommes mensuelles ou hebdomadaires et aux conférences d'hommes mensuelles ou trimestrielles; — grâce aux confréries du Saint-Sacrement
organisées séparément pour les messieurs et pour les dames; — grâce
à l'Œuvre de la Sainte-Famille qui réunit une fois par mois, le
dimanche, les parents et les enfants, dans une même fête chrétienne;
— grâce aux Conférences de Saint-Vincent de Paul qui trouvent
de nouveaux membres; — grâce à l'Œuvre des mères chrétiennes
et à l'Œuvre des dames catéchistes qui viennent prêter un concours
actif au clergé dont le zèle et le dévouement assurent la persé-
vérance chez les uns et développent la bonne semence chez les
autres.*

Les résultats, les voilà : vous les touchez du doigt. Nous pouvons,
nous devons les proclamer bien haut. Ils sont l'œuvre de Dieu; car
nous n'avons pas la folie de croire que c'est notre faible parole qui a
opéré ces merveilles. La grâce de Jésus-Christ a bien voulu se servir

d'instruments humains pour pénétrer jusque dans ces âmes égarées. Honneur au Christ qui a payé de son sang leur rachat!

Plus de vingt mille personnes ramenées à leurs pratiques chrétiennes depuis six ans, c'est quelque chose, c'est beaucoup même, si l'on tient compte des difficultés de notre époque. Mais c'est peu de chose en comparaison de celles qui se perdent quotidiennement dans cette immense capitale. *Rogate ergo Dominum messis.*

Ah! sans doute, nous espérons faire mieux dans l'avenir, avec la grâce de Dieu.

A l'heure actuelle, nous avons plus de soixante missions inscrites. Pour donner satisfaction à Messieurs les curés qui les voudraient dans le plus bref délai possible, il nous manque trois choses : de nouveaux missionnaires, des ressources et des prières.

De nouveaux missionnaires... Le clergé nous en fournit; les bonnes volontés ne font pas défaut; et si quelquefois les fatigues inhérentes à la vie de missionnaire sont un obstacle à la réalisation d'un projet caressé, cet obstacle sera moindre à mesure que nous serons plus nombreux, parce que le surmenage sera moins considérable.

Des ressources... Oui, pour permettre à ces prêtres d'entrer dans l'OEuvre, il nous faut des ressources.

Les missionnaires diocésains n'ayant pas de fonctions rétribuées et voulant continuer à évangéliser gratuitement les paroisses pauvres, ne peuvent compter que sur la Providence et la charité des fidèles.

Les frais de missions, le loyer de l'immeuble de la rue Nitot, l'entretien des missionnaires, nécessitent actuellement une somme annuelle de 70.000 francs.

Cette somme ne fera que s'accroître avec la multiplicité des missions et le nombre des missionnaires. Nous le répétons, S. Ém. le Cardinal de Paris patronne hautement l'OEuvre qu'il a créée; mais ses charges sont trop grandes pour lui venir pécuniairement en aide.

C'est en son nom que nous nous adressons chaque année à des personnes chrétiennes et généreuses pour faire vivre cette OEuvre dont elles comprennent de plus en plus l'importance à notre époque. Nous comptons sur la grâce de Dieu pour susciter de nouveaux dévouements.

Des prières... Déjà nous avons fait remarquer les moyens employés pour grouper les personnes chrétiennes et les intéresser à cette Œuvre éminemment apostolique du salut des âmes égarées. Il nous faudrait tant de prières pour les convertir !...

Avec des prières plus ferventes et des ressources plus grandes, les résultats se manifesteraient plus vite.

Au lieu de onze, nous serions quinze, dix-huit, si cela devenait nécessaire. Nous pourrions non seulement prêcher vingt et une missions dans le cours d'une année (nous avons atteint ce chiffre en 1896), mais nous arriverions à trente et davantage.

Nous pourrions non seulement répondre aux appels de MM. les curés du diocèse de Paris, mais donner satisfaction en partie aux demandes réitérées qui nous viennent des diocèses voisins.

Du moins quelques-uns d'entre nous se détacheraient de temps à autre pour se joindre aux prêtres de ces diocèses que Nosseigneurs les évêques destinent à ce genre d'apostolat, et les initieraient à ce mouvement de réveil de la foi qui, parti du cœur de la France, s'étendrait de proche en proche et permettrait d'espérer bientôt un retour du pays tout entier à ses glorieuses traditions chrétiennes.

A. DE LAPPARENT,
Missionnaire diocésain.

Paris. — J. Mersch, Imp., 4bis, Av. de Châtillon.

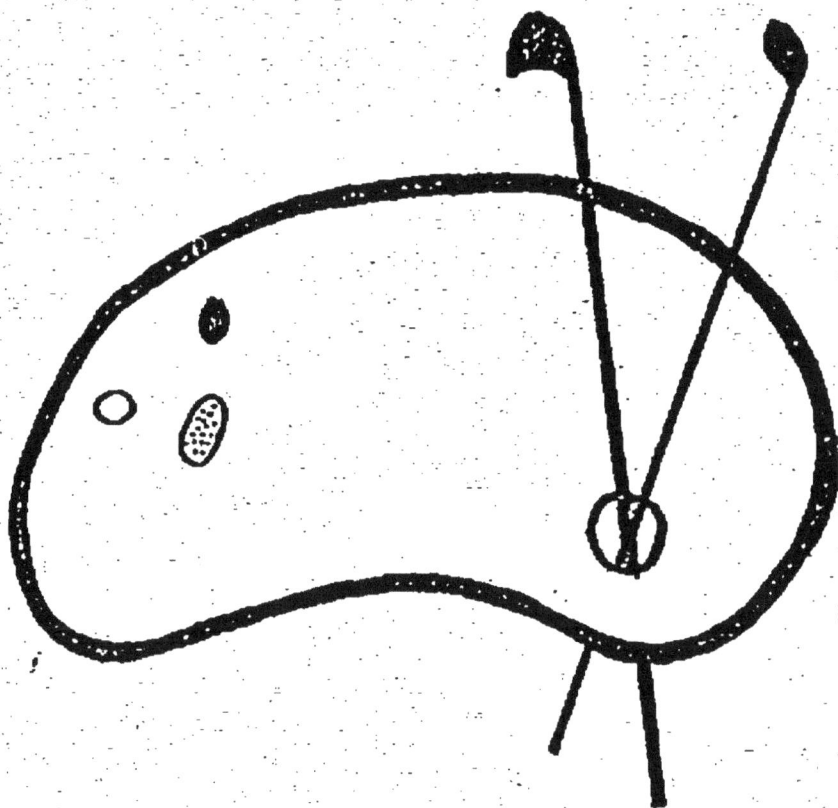

ORIGINAL EN COULEUR
NF Z 43-120-8

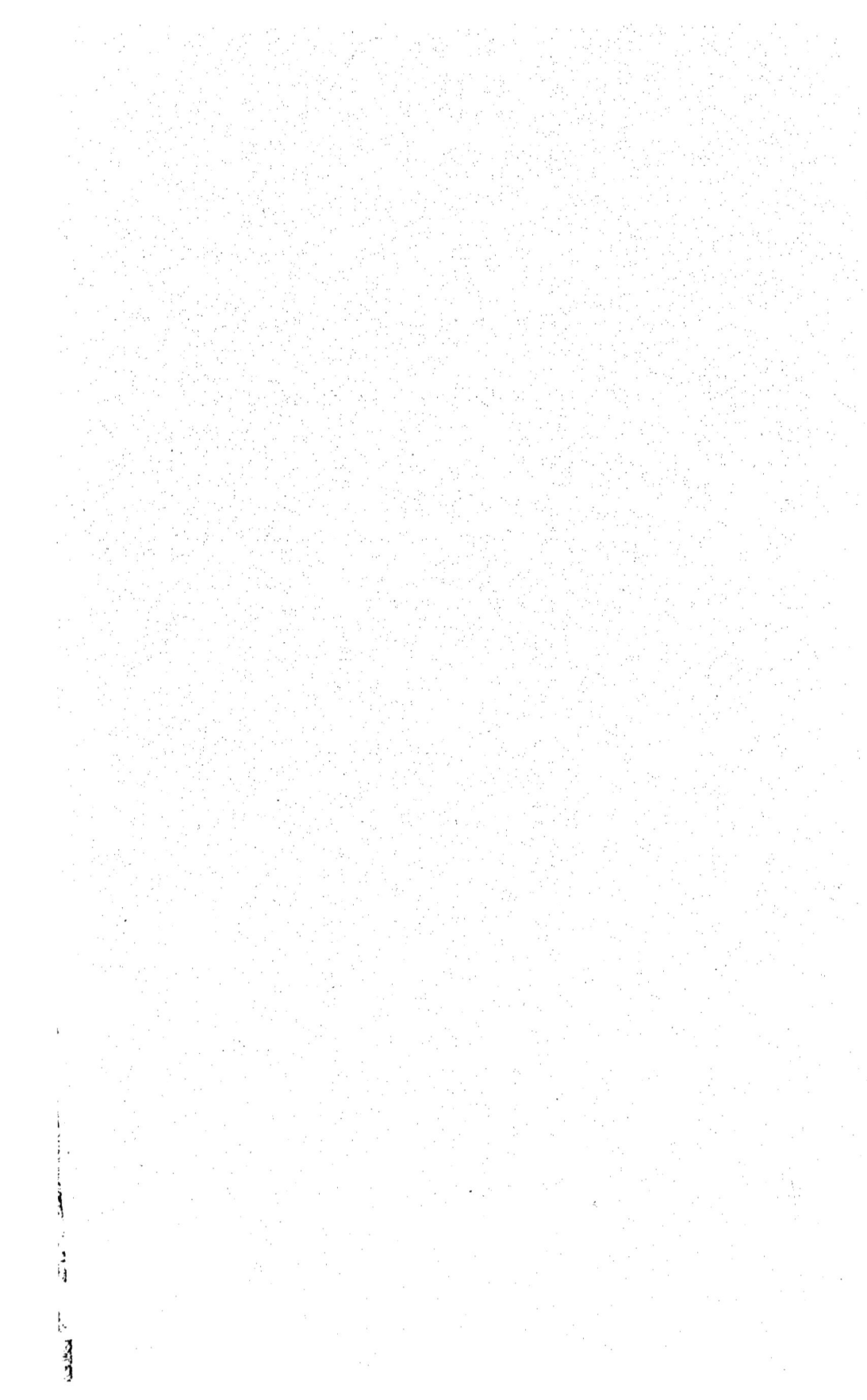

www.ingramcontent.com/pod-product-compliance
Lightning Source LLC
Chambersburg PA
CBHW050446210326
41520CB00019B/6098